L'ABBÉ

ROUCHON

VICAIRE GÉNÉRAL D'AIX-EN-PROVENCE

AIX

ACHILLE MAKAIRE, IMPRIMEUR DE L'ARCHEVÊCHÉ

2, rue Pont-Moreau, 2

1868

L'ABBÉ ROUCHON

Vicaire général d'Aix-en-Provence

L'ABBÉ

ROUCHON

VICAIRE GÉNÉRAL D'AIX-EN-PROVENCE

AIX

ACHILLE MAKAIRE, IMPRIMEUR DE L'ARCHEVÊCHÉ

2, rue Pont-Moreau, 2

1865

AVIS

—

La mémoire du Vicaire général Rouchon, au lieu de s'effacer, de s'éteindre, devient toujours plus vive, plus présente dans l'esprit de la population aixoise. Quand l'abbé Rouchon vivait, l'éclat de sa modestie, de sa générosité, de sa charité, de sa piété nourrissait la foi, la religion du peuple; le peuple se plaisait à ce spectacle pieux et bénissait le saint prêtre. Depuis que Dieu l'a appelé en un monde meilleur, les fidèles le sentent encore plus vivement peut-être par le vide de son absence. De là ce concours autour de son image qu'un habile photographe, Gondran, a su tirer d'une tête microscopique, perdue dans une photographie à mille têtes, et reproduire en grandeur naturelle avec une rare perfection de ressemblance. De là le siége véritable de notre imprimerie, à laquelle on redemande avidement notre article nécrologique sur le saint défunt. Lors du tirage de notre journal du 16 juillet, nous doublâmes le nombre des exemplaires. Le lendemain tout était épuisé, la foule nous le demandant sans cesse, et nous le demandant encore, depuis quelques jours, avec une nouvelle avidité.

En présence de cette piété ardente et pour la satisfaire, nous nous résolvons à détacher des colonnes du journal notre article nécrologique et à le réimprimer sous forme de brochure. Nous avons tout lieu de croire que quelque jour une notice biographique plus digne du saint prêtre sortira de nos presses, mais en attendant la collection des matériaux, nous livrons notre article tel que nous l'avons d'abord imprimé. C'est une œuvre rapide, faite à main-levée, mais qui a touché à la cime de toutes les vertus du saint vicaire général.

Pour compléter et corroborer par une grande parole, ce que notre amitié s'est permis d'écrire pieusement, affectueusement, nous ferons suivre notre travail de la belle lettre circulaire que Monseigneur Chalandon adressait dernièrement à son clergé. Panégyrique rapide, mais où la simplicité du discours trahit une grande estime, un grand regret, une grande affliction, et met en un grand jour les hautes vertus du vénérable mort.

L'ABBÉ ROUCHON

VICAIRE GÉNÉRAL D'AIX-EN-PROVENCE

L'abbé ROUCHON , Vicaire général de Monseigneur Chalandon, malade depuis près d'un an d'un anévrisme, est mort samedi dernier 8 juillet, à dix heures du soir. Il venait d'appeler sa vieille domestique , fatiguée des soins de la nuit précédente. Sa bonté la congédiait , lui recommandait le repos, la suppliait de ne bouger la nuit, si elle entendait du bruit, lui , malgré son mal , pouvant parfaitement se suffire. La servante protestait doucement contre cet ordre bienveillant , et le doux maître expirait dans une pieuse insistance. Aimable attention , qui terminait dignement la vie de charité d'un vrai ami de Dieu et des hommes.

Quand le lendemain, dimanche , la sonnerie de la Métropole annonça la perte du vénérable vicaire général, toute la population s'émut. C'était touchant de voir le peuple accourir sur la place des Carmélites , de tous les points de la cité. Du matin au soir du dimanche ce fut un continuel va-et-vient de pieux visiteurs, qui voulaient voir une dernière fois le visage du saint prêtre. Dans la soirée de ce jour, et pendant la matinée du lendemain, lundi, le corps du défunt fut, par permission des vicaires généraux, exposé dans la chapelle des Révérends Pères Oblats de Marie. Là soudain commença une scène émouvante, comme on n'en voit que dans les premiers siècles de l'Eglise. Enfants, jeunes gens, femmes, hommes faits, vieillards se pressaient autour du cercueil, déclarant hautement la sainteté du trépassé. L'un présentait un chapelet au contact des mains qui avaient fait tant d'aumônes ; l'autre de son doigt touchait aux pieds qui avaient tant de fois pénétré dans le galetas du pauvre ; celui-ci coupait une mèche de sa chevelure ; celui-là emportait un pan de sa robe ; un ouvrier, déposant sur le seuil de l'église ses instruments de travail, entre, la larme à l'œil, tenant son fils par la main ; il le prend dans ses bras, l'élève à la hauteur du cercueil : « Mon fils, touche de ta main la main de ce saint, il te vaudra d'être heureux et d'avoir quelque ombre de sa vertu. »

Il est neuf heures du matin : le Chapitre de la Cathédrale paraît pour la levée du corps. La place des Carmélites est envahie par une population immense. Toutes les OEuvres se rangent processionnellement ; la plupart des corps religieux d'hommes et de femmes sont présents ; la congrégation de l'église du Faubourg où était né le saint défunt ; celle de Saint-Jean-de-Malte où il avait été curé tiennent à honneur de l'accompagner ; les prêtres de toutes les paroisses, le Chapitre métropolitain ferment la procession. Mais derrière le cercueil, quelle immense suite ! Sur le parcours du convoi, quelle foule épaisse, compacte ! Quand cesse le faux-bourdon religieux, on n'entend que l'éloge public, solennel, des vertus supérieures du saint mort. — Quel saint prêtre ! ..... Quel homme rare !..... Il aimait beaucoup les pauvres !..... Il était toujours prêt à faire le bien !..... Il donnait jusqu'à ses vêtements !..... Il retirait le pauvre voyageur !..... — La métropole, pendant la messe, était occupée comme aux jours de Noël ou de Pâques. On a vu dans le chœur de l'église des hommes de tout rang. Peu importe l'idée ou l'opinion, la vertu du défunt a groupé autour de lui, en une commune admiration, les hommes de toute qualité.

Le convoi est retourné par les rues de la Grande-Horloge, de la Miséricorde, des Quatre-Dauphins, parce que, en mémoire des fonctions curiales que le défunt avait exercées à Saint-Jean-de-Malte, les vicaires de cette paroisse, le curé absent, avaient demandé en leur nom et au nom des fidèles, de lui faire l'honneur d'une absoute. Singulière puissance de la vertu ! Tout homme se sent comme invinciblement entraîné à lui rendre hommage. Tel qui laisse indifféremment passer Dieu dans nos rues, a découvert sa tête devant les dépouilles du prêtre, les regardant avec tristesse et respect. Mais le peuple, comme il a le cœur près des grandes choses ! Sur la place aux Herbes, la foule s'agenouillait devant le cercueil. C'est ainsi que le convoi, au milieu de l'acclamation générale des vertus du pieux mort, est arrivé au cimetière. Les cérémonies religieuses finies, chacun s'est retiré racontant du saint quelque trait particulier d'humilité ou de bienfaisance.

L'abbé Rouchon est né à Aix en 1797. Il fit ses études, comme tous les jeunes aspirants au sacerdoce de cette époque, dans l'établissement du vénérable M. Abel. Doué d'une intelligence facile, déjà plein de raison et de piété, fortement appliqué à l'étude, le jeune clerc avait rapidement et avec succès fini ses études littéraires. A 17 ans, c'est-à-dire en 1814, M. Abel, bon juge en vertu et en intelligence, se l'attachait comme professeur. Il mena si bien son cours, forma si bien ses élèves à la science et à la piété que le supérieur de l'établissement lui confiait, en 1819, avec la chaire de littérature, lès difficiles et délicates fonctions de directeur.

L'habile et zélé directeur sentait au fond du cœur un goût prononcé pour le ministère purement ecclésiastique. Il voulait prêcher l'Évangile, administrer les sacrements. Pour satisfaire à ce goût sacerdotal, sans nuire aux intérêts de l'enseignement, on charge simultanément le jeune prêtre de professer, de diriger le séminaire et de remplir les fonctions de vicaire dans l'église du Faubourg. Qui trop embrasse mal étreint : il craignit de mal faire pour trop faire et résigna sa double charge de professeur et de directeur. Il fut donc, en 1825, nommé curé de Saint-Chamas. Après trois ans d'un service prudent, zélé et fructueux, l'autorité le nomma, en 1828, au même titre, à Pélissanne. Même succès en cette nouvelle cure.

Cependant le gouvernement de France, par les fameuses ordonnances de 1828, enlevait l'enseignement à la compagnie de Jésus. L'autorité ecclésiastique d'Aix se voit obligée de fonder un séminaire. Il lui faut une pléïade de jeunes prêtres lettrés, zélés, capables. On n'improvise pas des professeurs, encore moins un chef d'institution. Mais Dieu voulut qu'en 1829 le grand séminaire eût de nombreux élèves d'une grande distinction d'esprit : feu l'abbé Vincent, mort oblat de Marie ; feu l'abbé Guiet, esprit vif et facile, plein d'aptitude pour les hautes sciences ; feu l'abbé Savornin, intelligence pénétrante, d'un goût littéraire exquis ; le curé actuel de Saint-Eugène à Paris ; le curé actuel de Lambesc ; le chanoine Véran, aumônier de l'hôpital de Tarascon ; etc... Mgr de Richéri les mande, leur propose un acte de dévoûment. La jeunesse, la jeunesse intelligente et chrétienne surtout, aime les difficultés, et tout le monde consent, le diocèse étant pauvre, à être professeur à 200 francs de traitement. Mais le chef capable de ces dévoués jeunes gens, où est-il ? On va le chercher à Pélissanne ; et c'est ainsi qu'en 1830 l'abbé Rouchon crée et conduit avec un plein succès le nouveau séminaire d'Aix. Mais le nouveau supérieur n'a accepté que pour satisfaire à des besoins pressants ; son goût l'appelle ailleurs ; et quand, dans l'abbé Pasquier, il a cru reconnaître un successeur capable, il se retire de l'enseignement.

Ses services sont déjà grands : Mgr Raillon le nomme, en 1833, chanoine honoraire.

En 1835, l'autorité ecclésiastique a besoin de montrer à Saint-Chamas le spectacle d'une grande vertu sacerdotale. L'abbé Rouchon, chanoine honoraire, deux fois supérieur de séminaire, accepte humblement les fonctions de recteur de village. En un an il avait concilié à la religion, au prêtre, l'estime et le respect qu'ils devraient toujours recevoir des amis et des ennemis.

La cure de Saint-Jean-de-Malte est vacante en 1835. Le choléra avait frappé dans ses fonctions de charité le regrettable curé Monge. Les besoins du service ne permirent pas de donner immédiatement un curé aux courageux vicaires qui soutinrent, seuls, le choc du fléau et pendant un an entier gouvernèrent, sans chef, la considérable église de St-Jean. Mais en 1836 l'abbé Rouchon est nommé à cette cure importante.

Beau jour pour cette église que le jour de cette nomination !..... L'abbé Rouchon est demeuré curé de cette paroisse pendant dix-huit ans. Dix-huit ans d'exemple de toutes les vertus ! Ce n'est point ici ma place, disait-il à l'un de ses vicaires ; je n'ai pour ce poste ni le savoir ni cette aisance qui s'insinue dans les esprits lettrés, cultivés, et leur rend acceptable la parole évangélique. Sous l'inspiration de cette idée saintement fausse, il ne rêvait que de partir, de laisser son église en meilleures mains. En effet en dix-huit ans il a tenté sérieusement cinq fois de se retirer à la Trappe. Retenu par l'obéissance, il cherchait le moyen de diminuer sa prétendue insuffisance. Témoin un jour de la manière dont ses vicaires fesaient le catéchisme : « Je ne le ferai

plus, Messieurs, si vous voulez bien ; les enfants perdraient trop à ma manière ; mais je n'entends pas que
vous soyez surchargés, je remplirai pour vous d'autres
fonctions qui vous regardent. » Son ministère l'appelait-il
à quelque discussion philosophique, théologique, avec
quelqu'un de ses fidèles, il demandait la permission de
se faire aider du savoir d'un de ses prêtres. Avait-il à
porter la parole en public, hors de la chaire, il proclamait son insuffisance littéraire, demandait le concours
d'un esprit ami. Dans sa correspondance relative à ses
devoirs de curé, il soumettait ses lettres à ses inférieurs.

Curé admirable et charmant ! Il disait à ses collaborateurs : « Messieurs, je vous en prie, si vous voyez que
me trompe, que je me dévoie, reprenez-moi. Permettez-
moi aussi de vous aider de mes observations. Travaillons
avec zèle, en bon accord ; mais vous, vous êtes jeunes,
ménagez vos forces. » Et un jour l'un de ses prêtres devait accompagner au cimetière un convoi funèbre. Arrivé à la porte d'Italie, le convoi est subitement surpris
par un orage, une averse à tout noyer. Le vicaire prend
le pas pour faire sa course. « Vous n'irez pas, dit le curé,
la pluie est trop abondante. — Mais, Monsieur le curé,
je ne souffrirai pas..... — Laissez-moi faire, vous dis-je,
je suis fort de santé, et vous, jeune encore, vous devez
vous ménager. » Voyant un jour ses vicaires dans la sacristie, assis avec quelque air de fatigue, et croyant que
cette fatigue tenait à des courses à la campagne, à des
visites de malades, etc..... : « Messieurs, il est bien entendu que nous ferons une statistique de nos travaux,

et j'entends qu'en ma qualité d'aîné je dois faire toujours le double de ce que fera chacun de vous.

Il tenait à la santé de ses prêtres; il tenait bien davantage à leur piété. Quelle pieuse attention à les édifier toujours! Un de ses vicaires, un jour, était assis, dans la sacristie, écrivant sur un bureau en face de la porte. Une jeune fille de dix à douze ans, déguenillée, paraît : « Entrez, ma fille, que voulez-vous ? — Monsieur le curé. —Le voilà. » — Le curé voit l'enfant ; il la voyait pour la troisième fois, la mère l'envoyant importune. Il la prit doucement par le bras et l'emmena avec un air inquiet vers la porte. Le lendemain matin, dès six heures, l'abbé Rouchon frappe au logis de son vicaire. Il entre, salue avec sa bonté ordinaire ; puis prenant uu air triste : «Ah! ça, mon cher ami, hier j'ai mal agi. Vous, vous avez traité affectueusement une petite fille pauvre, et moi je me suis montré envers elle dc mauvaise grâce. C'est bien fait à vous, Dieu vous bénira ; c'est mal fait à moi, veuillez me pardonner. » Scène touchante, acte sans pareil d'une humilité profonde, auquel le vicaire, confus, ne répondit que par des pleurs. Et ce trait : en voit-on de plus parfait dans la vie des grands saints? Il a donné à un de ses prêtres l'autorisation d'aller visiter sa mère. L'abbé part. — «Un moment, dit le curé, je veux votre avis sur une affaire. — Mais, Monsieur le curé, mon avis c'est le vôtre. — Je veux votre avis, vous dis-je. » Et sa parole avait un ton de vivacité qui n'était pas ordinaire, que comprit l'abbé. Celui-ci s'arrête, donne son avis et part. Deux jours après le vicaire était dans la sacristie ; le curé Rouchon le prend à part et lui dit : « Je vous ai appelé pour vous dire, mon cher ami, que si jamais vous devenez curé, vous preniez bien vos précautions pour n'avoir pas le malheur de contrister votre vicaire. »

Fénelon disait : J'aime Dieu d'abord, puis l'humanité, puis ma patrie, puis ma famille , puis moi. M. Rouchon avait dressé, lui aussi, une échelle à son cœur de curé. Il aimait Dieu d'abord, et de ce profond amour il dérivait une vive affection pour l'enfance, puis pour le pauvre, puis pour l'ouvrier, enfin pour le riche.

L'enfance , il l'aimait parce que Jésus-Christ lui a assuré , comme étant sa part propre, le royaume du ciel ; parce qu'elle est faible et que la religion seule est son infaillible appui. C'était touchant de voir comme il la traitait avec révérence, lui réservant ce tout gracieux sourire que savait si bien donner parfois son austère figure. Il chérissait le pauvre , ne lui parlant jamais que d'un ton doux , compatissant , respectueux. Il avait un jour parlé un peu sec à une pauvre femme ; il l'envoya chercher immédiatement pour lui offrir des excuses. L'ouvrier lui rappelait Jésus-Christ à Nazareth dans l'atelier de Joseph. Il le visitait au milieu de ses travaux, l'encourageait dans ses peines, et aux heures de pénurie il l'aidait largement de ses deniers. Il savait très-bien un certain passage de S. Jacques sur la conduite à garder envers le riche ; mais il savait aussi que Jésus-Christ aima et fréquenta la maison opulente de Lazare. Précisément parce qu'il aimait le pauvre, il se fit , par sa sacerdotale politesse, un trésorier de l'opulent, se constituant, à quoi consentirent volontiers les grandes maisons de Saint-Jean-de-Malte, leur intelligent aumônier.

Quelqu'un disait un jour : Pourquoi, avec ses faciles entrées dans les salons des riches, le curé Rouchon n'a-t-il pas plus décoré son église? L'abbé Rouchon n'oublia jamais son église de pierre; mais il trouvait qu'il en avait une autre à ses soins, laquelle doit toujours briller des plus parfaits ornements, la satisfaction des vrais besoins, l'église vivante, faite de pierres vivantes, les pauvres. Il n'y a jamais eu de malheureux dans les paroisses où présidait la charité de l'abbé Rouchon.

Quant aux malades, c'était son soin particulier, sa sollicitude par excellence. De peur qu'un fidèle ne mourût sans être assisté, il avait chargé une ou deux personnes dans chaque rue de le tenir constamment au courant de la santé de chacune de ses ouailles. Il a eu la consolation, en dix-huit ans, de ne voir mourir qu'une seule personne sans son assistance.

Toutes ces vertus ignorées de lui seul avaient fait de l'abbé Rouchon, aux yeux de ses paroissiens, comme un autre Jésus-Christ. On assistait avec une particulière dévotion à sa messe; on cherchait sa prédication. Sa sainteté et sa piété répandaient en ses discours les plus simples une secrète vertu dont nul ne pouvait se défendre. A de certains moments son cœur pieux s'émouvait si fort qu'un je ne sais quel accent du Ciel frappait son auditeur, en attendrissait l'âme, lui tirait des yeux de sincères larmes.

C'est sur cette hauteur de mérite , de piété , de vertu, que Monseigneur Darcimoles alla le prendre pour entourer d'une auréole sainte sa difficile administration. Ce n'est pas l'esprit seulement qui voit dans les choses de Dieu, mais c'est encore et surtout le cœur. Le conseil de l'abbé Rouchon était un peu timide ; mais il voyait de haut, s'inspirant d'une lumière toute divine, jamais humaine. Monseigneur Chalandon avait parfaitement compris le trésor de sagesse que Dieu avait mis à côté de lui ; il savait qu'à la suite de la sagesse marchent , comme se tenant la main, tous les plus grands biens ; et c'est pourquoi du milieu de ses courses apostoliques Sa Grandeur a tourné vers son Vicaire général des regards attristés , déplorant amèrement dans sa mort une perte irréparable. Le clergé du Diocèse d'Aix, tout entier, a partagé sincèrement la douleur de son évêque, chacun comprenant , comme lui, que c'est une bénédiction pour une grande famille sacerdotale, que la présence en son sein d'une sainteté supérieure.

L'abbé ESPIEUX.

LETTRE CIRCULAIRE

DE MONSEIGNEUR

L'ARCHEVÊQUE D'AIX, ARLES ET EMBRUN,

AU CLERGÉ DE SON DIOCÈSE,

A l'occasion de la mort de M. Rouchon, Vicaire général.

La Grange-Blanche (Ain), 19 juillet 1865.

Messieurs et chers Coopérateurs,

A peine sorti de mon Diocèse, pour donner au dehors quelques retraites ecclésiastiques, j'apprends la mort tristement prévue de **M. Rouchon**, mon respectable et cher Vicaire général.

Cette fatale nouvelle vous est déjà parvenue; mais j'éprouve le besoin d'épancher ma douleur près de vous, et de recommander moi-même à vos prières l'âme de ce bon prêtre, dont vous avez comme moi admiré constamment la piété et les vertus.

Sa vie vraiment sacerdotale vous est connue : elle n'eut point d'enfance. Dès ses premières études, il fut le modèle de ses camarades; et jusqu'à la mort il a donné les plus beaux exemples de foi, de piété, d'humilité, de charité et du plus complet dévouement à ses devoirs. Sa conscience timorée le rendait sévère envers lui-même : elle le laissa toujours indulgent envers les autres. Peu de prêtres ont exercé autant d'emplois importants : c'est qu'il était propre à tous. Professeur, Supérieur du Petit-Séminaire, Curé à la campagne et à la ville, Directeur de Religieuses, Vicaire général, il a dignement rempli toutes les fonctions auxquelles l'appela la juste confiance de ses Supérieurs ; et ce qui me frappe plus particulièrement, c'est sa soumission aveugle pour accepter sans réflexion tous les postes, et pour renoncer aveuglément aussi, et sous la seule inspiration de l'obéissance, à ceux-là même auxquels son cœur avait pu s'attacher davantage.

Aux pauvres, il a donné avec une générosité qui allait jusqu'au dépouillement le plus entier ; et quand il ne pouvait plus suffire à soulager de grandes nécessités, il n'hésitait pas à surmonter sa timidité naturelle pour solliciter en leur faveur. La dernière lettre que j'ai reçue de lui, quand déjà la maladie le tenait éloigné, était écrite en faveur d'une famille malheureuse. A tous ceux qui réclamaient les secours de son ministère, il se dévouait sans réserve ; et son austérité, si exigeante par rapport à lui, disparaissait pour les autres. Aussi, combien d'hommes malheureusement éloignés de Dieu l'appelaient à l'heure suprême, pour obtenir leur réconciliation avec le Ciel ! Jamais je ne l'ai vu faire d'observation sur les services plus ou moins importants que je lui demandais. Il ne savait qu'accepter sans se permettre aucune réflexion, ni témoigner le moindre déplaisir. Souvent j'ai été édifié de sa condescendance à parler en public,

malgré ses répugnances, soit pour remplir les plus hum-
bles fonctions du ministère dans quelques paroisses pri-
vées momentanément de pasteur, soit pour aller au loin,
malgré quelque gêne , présider à diverses cérémonies.
Il est peu de Communautés Religieuses auxquelles il
n'est pas donné ses soins, et qu'il n'ait pas édifiées par
sa mortification et ses exemples plus encore que par ses
conseils toujours dirigés vers une plus grande perfection.
Dans toute l'étendue du Diocèse j'ai retrouvé ses an-
ciens élèves engagés aujourd'hui dans des vocations diverses, conservant tous le respectueux souvenir de sa
direction ferme et douce à la fois. La pauvreté des égli-
ses de campagne lui inspirait une générosité particulière ;
et je ne puis oublier qu'au moment de mon arrivée dans
le Diocèse je reçus l'offrande anonyme d'une rente per-
pétuelle destinée à subvenir, chaque année, aux besoins
les plus pressants des paroisses dénuées d'ornements. Je
sus plus tard que c'était de lui que venait cette aumône
de foi et de charité. Nul ne m'a secondé davantage pour
l'établissement d'une Caisse de secours en faveur des
Prêtres infirmes ou retirés, sans ressources , du saint
ministère ; et comme Président de la Commission , il
m'a montré bien des fois ce que son cœur renfermait
de tendresse et de compassion pour les Confrères qu'at-
teignaient les besoins.

Je perds par sa mort un conseiller fidèle , un homme
prudent et sage, un collaborateur *inconfusible*, comme
parle S. Paul. Mon âme est pleine de regrets autant que
de reconnaissance ; mais mes larmes n'auront pas, comme

celles de notre Divin Maître, la puissance de rendre à la vie celui que j'aimais. Vous aussi, Messieurs, vous perdez un ami dévoué, un supérieur sage et prudent, un vrai frère. Pleurons ensemble ; mais en même temps espérons ensemble. Déjà, nous avons droit de le penser, il est récompensé dans le Ciel. De là il nous excite à marcher dans la voie qu'il a suivie. Là il nous aide toujours par ses prières.

Sur la terre, l'opinion publique a rendu justice aux excellentes qualités et aux œuvres de M. Rouchon. Je ne connais pas de prêtre qui ait été plus constamment et plus unanimement respecté. Une auréole de sainteté paraissait l'entourer de considération ; et lui seul s'étonna lorsqu'une rare distinction vint l'atteindre à son insu, et malgré les démarches que son humilité lui fit faire près de moi afin de l'éviter. Il avait suffi à l'Empereur de connaître ses œuvres, pour qu'il daignât lui accorder la décoration de la Légion d'Honneur ; et les Fidèles, non moins que le Clergé, se montrèrent reconnaissants de l'hommage rendu au mérite qui se cachait.

Les souvenirs d'une sainte vie sont pour nous un bien précieux héritage, Messieurs ! Conservons fidèlement dans nos cœurs ceux que nous laisse M. Rouchon. La mémoire du juste est éternelle devant Dieu pour sa récompense : elle doit être éternelle devant nous pour notre modèle. Travaillons donc à acquérir les vertus pratiquées sous nos yeux par le bon prêtre qui nous a été enlevé. C'est le meilleur moyen de l'honorer.

Les messes qui seront acquittées pour le repos de l'âme

de M. Rouchon, par l'Association établie en faveur des Prêtres décédés, me dispensent d'en prescrire ; mais je verrais avec satisfaction que vous invitassiez à l'une de ces messes les fidèles de votre paroisse, en lui donnant la solennité que vous jugerez convenable. Vous pourriez, à cette occasion, lire publiquement cette lettre circulaire, ou bien faire connaître, dans les termes que votre cœur vous suggèrera, la perte que le Diocèse a faite, les regrets profonds qu'elle nous inspire, et surtout les beaux exemples que laisse après lui le prêtre respectable que nous pleurons.

Recevez, Messieurs et chers Coopérateurs, la nouvelle assurance de mon tendre dévouement.

† **GEORGE**, *Archevêque d'Aix,*
Arles et Embrun.

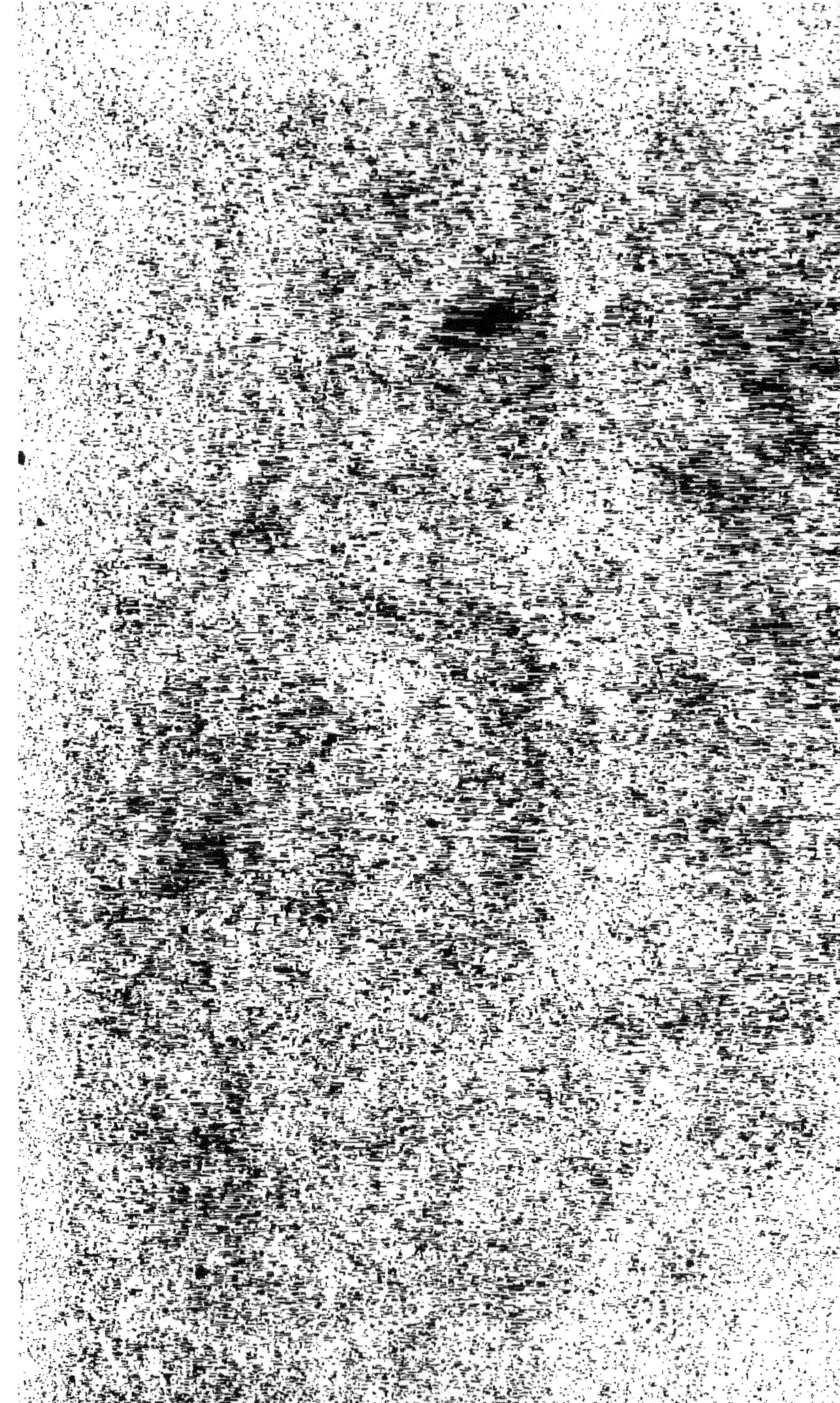

www.ingramcontent.com/pod-product-compliance
Lightning Source LLC
Chambersburg PA
CBHW061725060726
47597CB00006B/2578